Iris Figueiredo

Escrevo porque estou com saudades

Ilustrações: Natália Gre

PERA BOOK

Texto fixado conforme o Acordo Ortográfico da Língua Portuguesa de 1990 (Decreto Legislativo nº 54, de 1995).

Publisher: **Marcos Araújo**
Gerente editorial: **Luciane Ortiz de Castro**
Editoras: **Camila Cysneiros** e **Marcela Mastrocola**
Editora-assistente: **Patrícia Komeih Romero**
Editora de arte: **Susana Leal**
Designers: **Aurélio Corrêa**, **Eduardo Kenji Iha**, **Giovanna Romera** e **Mariana Souza**
Projeto gráfico: **Mariana Souza**
Preparação: **Marília Lima**
Revisão: **Eduardo Perácio** e **Marina Saraiva**

Dados Internacionais de Catalogação na Publicação (CIP)
(Câmara Brasileira do Livro, SP, Brasil)

Figueiredo, Iris
Escrevo porque estou com saudades /
Iris Figueiredo ; ilustrações Natália Gregorini. --
São Paulo : PeraBook Editora, 2025.

ISBN 978-65-6121-256-4

1. Cartas - Literatura infantojuvenil
I. Gregorini, Natália. II. Título.

25-290193 CDD-028.5

Índices para catálogo sistemático:

1. Cartas : Literatura infantil 028.5
2. Cartas : Literatura infantojuvenil 028.5

Cibele Maria Dias - Bibliotecária - CRB-8/9427

PeraBook Editora Ltda.
Rua Laguna, 404
04728-001 – São Paulo (SP) – Brasil
Telefone: (11) 4858-6606
www.perabookeditora.com.br

perabookeditora

Para a minha avó e para o meu pai:
escrevo porque sinto saudades de vocês.

Vovó,

Já faz um mês que a senhora não está mais aqui.

A sua casa estava fechada até agora, mas a mamãe pegou a chave hoje. Ela ainda tem aquele chaveiro velho que nós trouxemos de Cabo Frio, anos atrás, quando alugamos uma casa lá e a senhora não foi. Lembro que eu queria ter trazido outra coisa — tinha um pano de prato muito bonito numa lojinha de *souvenirs*, acho que teria gostado dele para pendurar na cozinha, mas mamãe disse que era horrível ser dona de casa e só receber presentes para a casa, nunca para você mesma.

Na hora, fiquei meio triste, porque a pintura do pano de prato era realmente muito bonita, mas, quando segurei o chaveiro hoje, entendi que esse foi o melhor presente que eu poderia ter dado a você. O pano de prato ia ficar apenas lá, parado na parede da cozinha, ou talvez fosse usado para secar panelas até ficar velho demais e ser transformado em pano de pia ou pano de chão. Ele jamais caberia nos seus bolsos, chacoalharia dentro da sua bolsa, acompanhando você. Ele não teria a mesma vida, ainda que desbotado.

Eu me sinto desbotada assim como as cores do chaveiro. Desde que a senhora se foi, várias coisas perderam as cores.

Quando mamãe disse que precisava de ajuda, eu quase inventei uma desculpa para não vir. Mas se eu estou pequenininha desse jeito, ela está pior. E acho que nunca a vi tão minúscula como quando abriu a porta da sua casa hoje cedo.

Só que minha mãe é forte, do jeito que aprendeu com você. Ela não derramou uma lágrima sequer.

Não posso dizer o mesmo de mim.

Enquanto eu chorava baixinho, ela abria as cortinas e as janelas, deixava o sol entrar e o ar circular. A senhora ia odiar o estado do lugar — as janelas estavam fechadas desde o dia do velório, então tinha bastante poeira e cheiro de guardado. Em algum momento espirrei e mamãe me deu uma máscara — o que me lembrou do hospital e me fez chorar um pouco mais.

Nos dias em que a senhora nem abria mais os olhinhos, sempre que a gente ia entrar para vê-la, pediam para colocarmos uma máscara cirúrgica. Quando coloquei uma para ajudar a espanar o pó dos móveis e começar a colocar suas coisas em caixas, essas memórias vieram junto.

Ninguém conta o quanto é difícil fazer uma vida inteira caber em caixas, decidir o que é descartável e o que é digno de ser guardado.

Eu queria guardar você por inteiro.

O lugar mais difícil de entrar foi o quarto de costura. Era lá que a senhora passava seu tempo livre, quando não estava corrigindo provas ou fazendo magia no fogão. Entre dedais, linhas e carretéis, eu vi muitos dos meus sonhos infantis tomarem a forma de vestidos de princesa, fantasias de heroína e o que mais eu quisesse. Você me ensinou a sonhar de tantas formas, a entender que poderia ser quem eu tivesse vontade de ser... Todas essas memórias estão costuradas em mim.

Mas foi aí que encontrei a caixa.

Sinto que entrei em um terreno perigoso, porque ela estava no fundo do armário, bem fechada. Não sei se você queria que alguém encontrasse essa caixa, mas eu a achei. Era uma parte só sua e agora é minha também, porque eu tive que abrir e ver o que tinha lá dentro. E era você, em muitos pedaços, de tempos diferentes.

Eu li as cartas que você não enviou — e foi como tê-la aqui de volta, ao menos por uns instantes.

Com amor e um pedido de desculpas,
Elisa.

São Gonçalo, 10 de janeiro de 1973

Jussara,

Meu pai passou pela banca e trouxe o jornal. Estava em cima da mesa da cozinha e falava que os candidatos à Faculdade de Medicina tinham ido bem nas primeiras provas. Espero que você esteja entre eles!

Desde que você se mudou para a capital, sinto sua falta. Manter as conversas por cartas não é a mesma coisa. Quem sabe um dia nós duas não possamos ter linhas de telefone e conversar quando der vontade?

A dona Nilda, da rua de trás, comprou uma linha telefônica e agora fica se exibindo para todo mundo porque não precisa mais esperar ligações no telefone público, que, dependendo do dia, forma uma baita fila. Mamãe inclusive foi à casa dela para ver como é e tinha até um paninho bordado para apoiar o aparelho em uma mesinha ao lado do sofá, cheio de pompa.

Diz mamãe que dona Nilda falou baixinho que, em caso de emergência, podemos dar o número de sua casa em vez do código do orelhão e ela vem correndo nos avisar. Minha mãe agradeceu e guardou o número para passar à família, mas ela anda com medo de dar trabalho à dona Nilda. Eu acho que ela vai lhe fazer um favor, isso sim, porque desse jeito a mulher terá fofocas em primeira mão. Ou você acha que dona Nilda ofereceu uma coisa dessas à toa? Com certeza quer ouvir as conversas da vizinhança inteira, assim não vai precisar ficar perguntando.

Falando em fofoca, mamãe acha que o marido de dona Nilda ganhou algum dinheiro na loteria, porque essa semana chegou uma televisão a cores na casa dela. Não se parece em nada com aqueles celofanes que colocamos para deixar a tela colorida — inclusive me senti meio boba por fazer isso. Mas você já deve ter visto várias dessas televisões por aí, não é? Aqui nem nas lojas conseguimos encontrá-las ainda.

Eu me sinto contando notícias fora de época para alguém que já está em outro tempo. Antes eu podia simplesmente abrir o portão e tocar sua campainha para conversar, mas agora dependo dos correios, e os assuntos se perdem antes mesmo que eu consiga me lembrar de comentá-los. Tenho medo de que isso faça com que nossa amizade se perca ao longo dos anos.

Você vai entrar na faculdade, construir novos caminhos e encontrar amigos mais parecidos com você, que podem acompanhá-la por qualquer lugar. Eu não faço a menor ideia de como será a vida por aqui. Estou à espera do resultado da FAPERJ, para a licenciatura curta. Meu pai não deixou que eu me inscrevesse para a federal, disse que mulher não deveria entrar na universidade. Ser professora é o que parece caber melhor para mim, e ainda sinto que estou indo muito além do que esperavam.

Enquanto isso, tenho ajudado minha mãe com as costuras. Ela tem me ensinado a tirar moldes, usar a máquina... Quer que eu me torne uma costureira como ela. É relaxante esvaziar a mente e ouvir o som do motor ativado pelo pedal juntando o tecido. É fácil deixar minha mão deslizar a tesoura pelas fazendas. Estou descobrindo que gosto de costurar, mas como uma paixão à parte. A vida que quero passa longe dos carretéis.

Você não faz ideia do quanto é sortuda, Jussara. Poder correr atrás dos próprios sonhos sendo mulher é algo muito raro. Só consigo pensar em Antônia tendo que largar a escola pela metade, o pai a tirando da sala pelos cabelos, dizendo que ela já tinha aprendido tudo o que uma dona de casa precisava aprender e não deveria pedir por mais. É uma pena, porque ela e você são as duas pessoas mais inteligentes que eu conheço.

Não quero ser tomada pela amargura. Definitivamente estou feliz pelas suas conquistas. Só queria que elas fossem possíveis para mais de nós. Que a gente também tivesse família do outro lado da Baía de Guanabara, parentes que investissem em nossos estudos e entendessem o quanto isso pode mudar a nossa vida. Que o nosso futuro pudesse ser muito além do que aquilo que escreveram em pedra para nós, lá atrás.

Espero que venha a aprovação em Medicina, porque você merece criar histórias melhores do que aquelas que nós estamos criando do lado de cá. Nunca se esqueça da sua amiga que, mesmo sem telefone, continua a falar com você. Escrevendo cartas que talvez nem consiga enviar, mas sempre pensando com carinho nessa amizade de anos.

De todas nós, Jussara, você é a que tem mais chances de construir um futuro novo e brilhante. Estarei sempre torcendo por você, independentemente da distância, ou ainda que você se esqueça.

De sua amiga,
Beth.

Vovó,

Perguntei à mamãe se ela conhecia alguma amiga sua chamada Jussara e ela listou umas cinco senhorinhas diferentes, a maioria delas nem sabia dizer se estavam vivas — e nenhuma parece ter feito vestibular para Medicina na década de 1970. Então, como qualquer adolescente normal da minha idade, eu fui para as redes sociais.

Abrir seu perfil com todas aquelas montagens com pombas da paz e fotos vergonhosas de cada membro da família me encheu de saudades. Tive que me esforçar para escapar dos comentários, vários lamentando a sua partida. Foi muito difícil olhar para as suas fotos e pensar que nunca mais teremos novos registros. De repente me bateu uma vontade absurda de fotografar cada flor que eu vejo, mesmo sabendo que nunca vou poder mostrá-las a você. Deveria ter feito isso antes.

Só que a minha missão foi procurar por Jussara entre os seus contatos. Eu encontrei uma senhora que regula em idade, é médica e está passando as férias em Portugal. O perfil era bem diferente do seu — parece que ela é contra pombas da paz —, e não a seguia de volta.

Fazia tempo que eu mesma não entrava naquela rede, porque todo mundo que está lá tem pelo menos o triplo da minha idade, mas consegui recuperar meu próprio *login* e senha para enviar uma mensagem a ela.

Vovó, a senhora não vai acreditar: ela me respondeu! Eu tirei uma foto da carta e perguntei se ela conhecia você. Jussara pediu meu número e enviou um áudio enorme, chorosa, agradecendo a carta. Segundo ela, um dia você de repente parou de escrever e de responder às cartas. Nunca imaginou, anos depois, que a Beth que a seguia nas redes sociais era você.

Eu me perguntei por que você nunca teve coragem de enviar aquela carta. Mas, depois de conversar com Jussara, acho que entendo. A senhora deve ter ficado com medo de soar amarga ou infeliz pelo caminho que sua amiga estava traçando, tão diferente do seu. Mas eu queria que soubesse que morro de orgulho do futuro que construiu.

Nenhuma das minhas amigas teve uma avó que fez ensino superior, mas eu sim. Sempre senti muito orgulho de dizer que a senhora era formada em Geografia, e que inclusive me deu aula na escola. Quando contei isso a Jussara, a voz dela se encheu de alegria. Foi muito bom ouvir várias histórias sobre sua adolescência e falar com outra pessoa que a conheceu quando ainda tinha a minha idade. É sempre estranho quando eu lembro que a senhora já foi uma adolescente, com sonhos que talvez nem fossem tão diferentes dos meus.

Foi difícil ir contra as expectativas dos seus pais? Pelo pouco que já ouvi a senhora falar do biso, ele era bem bravo. Não deve ter ficado muito contente quando viu que a filha queria seguir nos estudos e não se dedicar à costura, como a bisa. Ainda assim, a senhora sempre costurou lindamente. Ontem mesmo eu estava usando uma das últimas blusinhas que fez para mim. Sinto que carrego a nossa história naquelas linhas.

Vovó, a senhora é sinônimo de coragem para mim. Você lutou para ir à faculdade, e eu aqui, sem saber o que quero fazer, quais sonhos preciso perseguir.

O último ano do ensino médio começa em breve e eu gostaria que a senhora ainda estivesse aqui. Fico pensando em todas as histórias que nunca me contou — sobre a amiga que foi estudar Medicina em outra cidade, sobre você escolher a licenciatura apenas porque era o caminho que lhe permitiram seguir.

Quando olho para tudo isso, me sinto boba por ter tantas dúvidas. E sei que, se estivesse aqui, me colocaria sentada ao seu lado e diria que não há nada de errado em ter dúvidas, porque elas fazem parte da vida. Só que a vida sem você é recheada delas.

Tenho dúvidas sobre a minha mãe conseguir se levantar da cama. Tenho dúvidas sobre o meu pai voltar a dormir lá em casa, porque ele saiu há uns dias e só fala comigo por mensagens de voz. Não sei sequer se aceito os convites que os meus amigos me fazem. Tudo parece sem cor agora que não a tenho mais em minha vida. Faço as coisas no automático.

Nada foi mais doloroso do que decidir o que queríamos ou não manter entre as suas coisas. Mamãe chorou de soluçar quando viu a caçamba da caminhonete ir embora com várias doações. Ela me perguntou se eu queria ficar com alguma coisa, mas eu nem soube responder. Peguei apenas a caixa das cartas, embora ainda não saiba dizer se foi uma boa ideia. Sou uma intrusa, espiando fragmentos da sua história, bisbilhotando coisas que a senhora achou melhor ficarem guardadas, escondidas, intocadas.

Agora, quando penso nisso, será que eu não deveria ter falado com Jussara, ou mostrado a carta a ela? Mas, vó, a senhora tinha que ver! Ela ficou tão feliz por ter notícias suas. Disse que passou esses anos todos com saudades, que não entendeu quando você parou de responder e imaginou que tinha mudado de endereço. Ela mesma se mudou um pouco depois. A voz dela ficou toda embargada quando contei que a senhora se foi.

Jussara me agradeceu por trazer notícias suas, ainda que tardias. Ficou feliz em saber que você tinha se formado na faculdade e tomado as rédeas do próprio futuro. Contou que lhe escreveu quando foi aprovada em Medicina — e acho que a senhora recebeu essa carta, ou não a teria encontrado anos depois, nas redes.

Talvez estivesse com medo de rever sua amiga e achar que, de alguma forma, não era digna dela, porque vocês tomaram rumos diferentes. Só que, vovó, a senhora não faz ideia de como a sua trajetória é inspiradora. Por sua causa, portas foram abertas nessa família. Sempre soube que poderia ser o que eu quisesse, nunca tive medo de me expressar. Ouvi todas as suas broncas e incentivos, e entendi que não deveria permitir que ninguém diminuísse os meus sonhos. Não há limites para o que posso querer ser, porque você nunca me limitou. Sei que fez o mesmo com mamãe, talvez por isso ela esteja guardando dentro de si tudo o que sente. Acho que ela tem um pouco de medo de deixar que as emoções transbordem e não parem mais.

Ela é forte como foi ensinada, mas também é brilhante e generosa. Porém, deve estar com medo de viver em um mundo em que perdemos nossa bússola. Eu, pelo menos, me apavoro com isso todos os dias. Há uma rachadura na nossa família e ela tem o tamanho exato da sua falta.

O que eu faço com esse sentimento?

Estou tentando descobrir.

Com uma saudade que não se abranda,

Elisa.

São Gonçalo, 15 de junho de 1976

Jorge,

Recebi o seu postal com a bela imagem de Boa Viagem. Tudo o que você fala de Recife parece encantador, temo que essa cidade o tome de mim definitivamente. Quando o Carnaval chegar, o tempo já vai ter passado e as ladeiras de Olinda serão mais sedutoras do que qualquer experiência que um dia viveu no Rio de Janeiro.

Não falo isso com amargor, pelo contrário. Há uma paz estranha em saber que alguém que amo tanto encontrou um cantinho neste mundo que parece abraçá-lo. Sei que me pediu para acompanhá-lo, mas não tenho como. Sei que eu disse que iria assim que terminasse a licenciatura curta, mas os ventos mudaram.

Com a distância, sinto que vejo as coisas com mais clareza. Dia desses eu me sentei para bordar e olhei nossas iniciais gravadas nas toalhas em ponto-cruz. Fiquei pensando em tudo o que sonhamos juntos, mas me dei conta de que meus sonhos talvez não sejam os seus. Talvez eu não tenha dado espaço para que eles aflorassem.

Sei que, se eu for para Recife, nada será como antes. Você precisa de uma esposa que não sou capaz de ser. Não quero ser a mulher que espera em casa, sem nenhum aconchego por perto, sem família ou amigas que possam me ajudar. Não quero ser igual à minha mãe, que se debruça sobre a máquina de costura simplesmente porque é o que lhe restou. Sou apaixonada por costura, mas é apenas isso: uma paixão. Meu trabalho é coisa outra e tenho me dedicado a esse objetivo. Serei a primeira mulher da minha família a ter um diploma.

Posso construir laços por onde passarmos, mas quanto tempo eles vão durar? Logo você iria servir em outra cidade, em outro canto do país, e teríamos que partir todos juntos, nós e as crianças. Não sei se é esse o futuro que desejo. Não me imagino criando filhos sem um lugar que consigam chamar de casa.

Você sempre reclamou do alvoroço aqui do quintal. Talvez minha família de fato seja um tanto intrometida, um entra e sai constante, mas não consigo me imaginar muito longe disso. Sei que nossa cidade o sufoca, mas ela me acolhe. Aqui eu criei raízes, ainda pretendo semear outras tantas. Quanto mais aprendo na licenciatura, mais certeza tenho de que é isso que quero fazer. Em breve começo a lecionar nas salas de aula, e tenho muito a falar sobre estudos sociais com as várias meninas que cresceram no mesmo lugar que eu.

Não entenda isso como pouco amor. É justamente por amá-lo muito que não quero que viva com uma versão amargurada de mim mesma. Você nunca me pediu para que fosse aquilo que não sou, por isso estou sendo sincera nesta carta. Se sair de onde estou, se abandonar a minha família e abrir mão de lecionar, parte de mim irá embora para sempre. A parte essencial do que o encantou não existirá mais, e talvez eu me ressinta de você, algo que não consigo sequer imaginar.

Gostaria de ser mais corajosa e lhe dizer isso frente a frente, mas dói. Não sou sequer capaz de sair da barra da saia da minha mãe, como terei coragem de ser aquela de quem você precisa? Você merece mais do que a minha covardia.

Ainda tenho muito a fazer no lugar onde nasci. Ainda tenho muito a fazer por mim. E você tem territórios a conquistar. Mas, nesses territórios, não poderei acompanhá-lo. Sinto que nossos objetivos se desencontram nesse sentido e, no futuro, não quero olhar para trás e me arrepender de ter desistido de escolher construir o meu próprio caminho, por minha conta.

Você é incrível, Jorge, e sei que encontrará alguém que o compreenda e viva ao seu lado nessa grandiosidade. Só não sinto que sou a pessoa certa para isso.

Com amor,
Beth.

Vovó,

É engraçado como a vida nos faz pensar pouco no que nossos familiares foram antes que nós nem sequer existíssemos. Para mim, você sempre foi... você. Eu poderia imaginar mil histórias da sua vida, mas provavelmente colocaria o vovô em todas elas. É engraçado, porque ele se foi quando minha mãe ainda era criança, então nem ela tem lembranças dele, mas todas as coisas que você compartilhou sobre o vovô o mantiveram vivo na minha memória, de algum jeito.

A carta para Jorge me surpreendeu. Diferentemente da que foi escrita para Jussara, que foi mais difícil entender por que ficou esquecida em uma gaveta, consigo imaginar os motivos que fizeram com que não enviasse essa correspondência. Agora me pergunto o que aconteceu depois: a senhora escreveu outra carta? Encontrou formas diferentes de dizer o que precisava ser dito?

Não sei bem o que imaginava, mas na minha cabeça você e vovô estavam juntos desde o surgimento do universo. Se eu abrisse o dicionário, encontraria uma foto dos dois na definição de amor — em especial aquela que ficava na estante da sala, dos dois cortando o bolo de casamento, olhando um para o outro. Nunca imaginei que, antes dele, a senhora pudesse ter se apaixonado, bordado um enxoval e simplesmente desistido de ir para o outro lado do país e se casar para continuar aqui, nesta cidade da qual eu sempre quis fugir.

Quantos lugares poderia ter conhecido? Será que sua vida teria sido mais feliz? Eu não existiria, nem mamãe. A senhora teria tido outros filhos, pessoas que talvez existam em outra dimensão em que sua escolha foi diferente. Isso deu um nó no meu cérebro, porque uma única escolha mudou não só a sua vida, mas a minha também.

Fico pensando no tanto de coragem que precisou ter para entender — e expressar — que precisava deixá-lo ir.

Lembra o Téo? Acho que ele também sente sua falta, porque nas últimas vezes em que veio aqui em casa falou muito da senhora. Só que todo aquele friozinho na barriga que eu sentia sempre que me encontrava com ele está desaparecendo. Quando Téo chega, mal consigo sorrir. Parece que preciso fazer um esforço extra, porque ele é sempre tão feliz. Nunca conheceu os avós, então nunca precisou lidar com a perda. Acho que não entende o tamanho do buraco em que estou atolada.

Não estou dizendo que ele seja o equivalente ao que Jorge representou na sua vida, mas é que me pergunto se estamos na mesma sintonia, se nossos planos são os mesmos. Sei que ainda sou uma adolescente e não deveria me preocupar com isso. Eu tenho que terminar a escola, estudar para o vestibular e fazer muitas outras coisas antes de pensar em qualquer etapa de relacionamento além da que estou vivendo, mas é por isso mesmo que tenho tantas dúvidas. O Téo é um cara legal, só que será que ser legal é o suficiente?

Como a senhora soube que não tinha nada a ver com o Jorge, mas sim com o vovô? Como cada um deles teria agido caso a senhora atravessasse uma perda como a que vivi? Será que isso influenciaria as suas decisões?

É horrível não poder lhe perguntar essas coisas diretamente. Eu gostava de me sentar aos seus pés e ouvir cada conselho, cada história, porque eles me aproximavam das escolhas certas. Agora preciso ouvir a mim mesma, e aqui dentro faz um eco tremendo, que ressoa nos lugares que ficaram vazios sem a sua presença.

Queria ter o tamanho da sua coragem. Você sabia o que queria fazer, escolheu o futuro que achava que valia mais a pena e não teve medo de dizer "não" àquilo que talvez a afastasse dos seus sonhos. Não sei se teria feito a mesma escolha, mas fico feliz que foram elas que trouxeram nossa família até aqui. Não apenas a nossa família, mas principalmente você.

Sempre senti muito orgulho da senhora, mas acho que nunca soube expressar isso direito. No nono ano, quando soube que seria a minha professora de Geografia, surtei no início. Tudo o que eu não queria aos catorze anos — e com aparelho nos dentes — era que a minha avó me desse aula. E quando você entrou na sala e me chamou de "gracinha", quis abrir um buraco no chão e desaparecer. Hoje, eu daria tudo para que esse tempo voltasse.

Aprender com você foi uma dádiva, dentro e fora da sala de aula. Eu imagino quantas pessoas tiveram a sorte de ser ensinadas pela própria avó dessa forma. Certamente foram menos do que deveriam.

Mesmo tendo sido chamada de "gracinha" por um bimestre inteiro, no final daquele ano, todo mundo queria tê-la como avó, mas só eu tive essa sorte. E acho que, conforme o tempo for passando, vou entender mais e mais a dimensão que foi tê-la comigo.

Meus colegas que também foram seus alunos estiveram no velório. Eu não queria abraço de ninguém, não quando você se foi tão rápido. Em um ano, a senhora ainda estava em sala de aula explicando sobre pontos cartográficos, no outro, mal conseguia segurar um talher sozinha. É injusto que tenha sido levada em tão pouco tempo, porque pessoas como você deveriam ser eternas. Só que foi bom saber que eu não estava sozinha, que mais gente também sentia a dor da sua ausência, ainda que de outra forma.

Fico remoendo os momentos em que não valorizei sua presença, quando dizia que precisava fazer outra coisa porque eu queria ficar mais tempo na internet. Vejo seus registros em papel e penso nas fotos que tirei e perdi para sempre porque troquei de celular ou se perderam na nuvem e nunca vou poder imprimir. Eu registro tantas coisas, mas quantos desses registros vão durar?

A minha mãe se assustou quando eu pedi o cartão dela emprestado hoje cedo para imprimir umas fotos de um *site*. Ficou do meu lado o tempo inteiro, achando que eu ia comprar algo que não devia. Ela mesma digitou o número do cartão, acredita? Mas fez isso com lágrimas nos olhos depois de ver as fotos que selecionei. Pediu até que eu imprimisse uma em tamanho grande, para colocar num porta-retratos na sala.

Tenho medo de esquecer você, vovó. Mas enquanto leio e respondo essas cartas, conversando com alguém que sei que nunca vai me dar um retorno, me pego pensando que talvez a senhora seja eterna. Não do jeito material, não como eu gostaria, mas eterna de formas diferentes daquelas que sou capaz de entender.

No meu coração, você será para sempre.

Com amor infinito,
Elisa.

Cachoeiras de Macacu, 2 de fevereiro de 1977

Osmar,

Estou há três dias aqui e já sinto sua falta. Não sei como aguentarei até o Carnaval, quando enfim poderei voltar para casa. A cidade é tão tranquila que está me dando nos nervos, pois não consigo ficar parada.

Queria que estivesse aqui comigo. Não precisava de nada além da sua presença, só de estar ao seu lado já me sentiria mais forte para enfrentar o cuidado diário com a minha avó. Minha mãe quer que ela se mude para São Gonçalo, assim será mais fácil mantê-la bem. O plano é que, quando vierem me buscar no Carnaval, ela vá junto. Só que minha avó é teimosa, vive dizendo que se a tirarem de casa e a levarem para longe de suas plantas, ela morre.

É muito difícil vê-la tão fraca, precisando de ajuda para fazer o trivial. Não faz muito tempo e ela cuidava das galinhas, do quintal, preparava a melhor comida do mundo e ainda encontrava tempo para tomar café com a vizinha. Hoje mal consegue segurar uma xícara sem derrubar, porque é pesada demais. Imagino que deva ser muito angustiante ter passado a vida sendo independente, resolvendo tudo por conta própria, e agora depender de outras pessoas. Meu avô foi embora quando a minha mãe ainda era criança, o que fez com que o coração dela se fechasse. Precisou aprender sozinha a se virar, lidar com os olhares tortos por ser uma mulher abandonada pelo marido e com uma criança para criar. Ela nunca se permitiu ser cuidada, sempre abriu mão de si mesma para cuidar dos outros. Agora, está recebendo esse afeto a contragosto.

O meu desejo era congelar o tempo, para que ele parasse de correr tão rápido. Por que as pessoas que amamos envelhecem? Por que elas sentem dor, ficam fracas e não podem mais fazer o que costumava deixá-las felizes? É frustrante saber que não há nenhuma solução para que minha avó possa existir para sempre, para que continue cercada do que a faz feliz e não se sinta um fardo para ninguém. Queria devolver a ela os anos perdidos, queria que não tivesse atravessado nenhuma dificuldade e pudesse ter aproveitado cada segundo da própria vida do jeito que desejasse, e não da forma como os outros esperam que uma mulher se comporte.

Deve ser terrível envelhecer e perder a própria agência, ainda mais quando não lhe foi dada permissão de viver do jeito que bem entendia. Pior ainda deve ser a sensação de que alguém está cultivando pena sobre o que você viveu ou deixou de viver, como estou fazendo agora. Sei que ela não gostaria de me ver falando assim sobre tudo o que construiu. Minha avó sempre me disse que, apesar de tudo, foi livre.

Mas agora não a sinto tão livre assim. Ontem a levei pelo braço até a varanda, coloquei-a sentada em uma cadeira e comecei a cuidar das suas plantas. A caminhada foi lenta, as pernas tremiam quando enfim se sentou. Só que nem a idade nem a fraqueza são capazes de mudar certas coisas. Minha avó passou o tempo inteiro atenta ao jeito que eu cuidava das plantas, dando ordens e corrigindo tudo o que eu fazia, porque, segundo ela, nada estava certo. Ela disse que sou um desastre, que preciso aprender o quanto antes se quiser conseguir manter alguma das plantas do nosso futuro lar viva, porque uma casa sem plantas não tem graça. Na hora não consegui conter uma risada e respondi que você é bom com jardinagem.

Não sei por quê, mas isso encheu meu coração de um sentimento especial que também não sei bem definir. Minha avó só o conhece de ouvir falar, mas já imagina nosso futuro juntos. Isso foi o suficiente para que eu sentisse que estamos no caminho certo. Talvez esteja me adiantando nos planos, mas pensar em você cuidando das plantas em nosso futuro lar me trouxe uma sensação única, pela simplicidade de saber que é isso que eu desejo para mim.

Acho que falo menos do que gostaria sobre a importância que você tem em minha vida, Osmar. Com você, sei que meus sonhos estão seguros. Quando contei sobre a oferta de emprego na escola, foi você quem mais vibrou. Quando falei que precisava vir para Papucaia cuidar da minha avó, você se ofereceu para me trazer na sua caminhonete. Sinto uma sorte única em tê-lo, porque ouvi a vida inteira meu pai dizer que os homens teriam medo da minha independência. Mas você não tem. Você me respeita por ser quem eu sou, e é isso que me faz amá-lo ainda mais.

Por muito tempo, acreditei que tinha que fazer uma escolha: ou formaria uma família ou seguiria meus sonhos. Ao seu lado, não sinto que preciso escolher entre um e outro. Sei que seremos uma família, tendo filhos ou não. Sei que contigo não terei que abrir mão dos meus desejos, pelo contrário: você me impulsiona para que eu chegue até eles. Você me dá espaço para tomar minhas próprias decisões e, por isso, te amo cada vez mais e sinto vontade de decidir cada coisa ao seu lado. Posso mudar de ideia quanto à vontade de ser mãe, posso mudar de profissão, mas hoje sei que quero que você seja uma constante em minha vida.

Sei que quando mencionou casamento da última vez eu fiquei levemente assustada, mas é que até então essa ideia me parecia uma prisão. A forma como tem agido comigo me fez perceber, contudo, que o que nos aprisiona não é o amor nem a família, mas sim os nossos medos. E com você me sinto livre deles.

Quer dizer, não tão livre assim. Enquanto escrevo estas palavras, percebo que tenho medo de dizê-las em voz alta. Não estou acostumada a me mostrar vulnerável. Ver a minha avó depender de mim para ir de um canto a outro tem me abalado de certa forma, porque imagino que esse é o destino que está reservado a todos nós. Em algum momento, precisarei estar inteiramente vulnerável. Talvez agora seja a hora em que eu deva escolher quem eu quero que testemunhe essa vulnerabilidade.

Volto em breve.

Com saudades sem fim,
Beth.

Vovó,

Ainda estou tentando entender por que nunca enviou aquela carta ao vovô. Ele com certeza teria amado recebê-la. Tudo o que sei sobre o vovô vem de fotos e histórias, porque eu ainda nem era nascida quando ele se foi. Mas a senhora sempre fez com que eu nunca duvidasse de que ele me amaria desde o primeiro instante. Eu só queria ter construído minhas próprias memórias — e imagino que esse sentimento seja ainda mais intenso para a mamãe. Sempre amei ouvir as histórias de vocês, o jeito carinhoso que a senhora contava sobre cada qualidade e defeito.

Hoje, sentindo a dor da sua perda, fico imaginando a força que teve para seguir sua vida depois que perdeu seu companheiro. Ele sempre estava presente nas suas histórias, em cada pedacinho da sua casa e, consequentemente, em mim. Nunca o conheci pessoalmente, mas hoje em dia sei contar histórias sobre a infância dele, conheço suas comidas favoritas e até torço para o mesmo time que ele. Tudo isso porque você sempre se esforçou para que a memória dele nunca se apagasse, mesmo que já tivesse partido há tantos anos.

Vó, não quero deixar a sua memória se apagar. Quero espalhar minhas lembranças com o mesmo amor que compartilhou comigo cada detalhe sobre o meu avô, de um jeito tão intenso que hoje sinto que cresci com ele presente todos os dias. Eu acho que é isso que o amor faz: nos torna presentes.

A carta também me fez pensar na sua própria avó. Sabe do que me dei conta? Eu nem sabia como chamar a avó da minha avó! Não, não é tataravó (de acordo com o que encontrei na internet, isso só se aplica a partir da tetravó). Ouvi muitas histórias sobre a minha bisavó, sobre como vocês eram unidas e tantas outras coisas. Minha mãe também sempre comenta sobre a avó, e eu guardo com carinho o caderno de receitas que acabei herdando dela. Pelas suas cartas, consigo ter outros vislumbres e sinto muito por não ter conhecido a sua mãe, mas a memória dela parece mais viva. Posso perguntar qualquer coisa sobre a bisa que minha mãe vai tentar responder, posso encontrar algumas fotos, posso recorrer àquilo que a senhora guardou como lembrança. Só que não sei nada sobre a minha trisavó (descobri que esse é o jeito certo de chamá-la), nem mesmo o nome.

Mostrei essa carta à mamãe. Hoje ela estava um pouquinho mais animada, por isso criei coragem de enchê-la de perguntas. Ela quis saber onde a encontrei, mas senti que, se contasse, teria que falar sobre as outras correspondências que nunca chegaram a seu destino e estaria contando um segredo só nosso. Sei que entreguei a carta de Jussara, mas acho que cada uma dessas correspondências existe por uma razão diferente.

Mamãe disse que não tinha fotografias da sua avó, de quem ela também não lembra o nome. Será que essa memória morreu com a senhora? Como pode um nome se perder no espaço, sendo de alguém que significou tanto?

Se hoje somos o que somos, sei que a minha trisavó teve algum efeito nessa equação, mas aos poucos ela desvaneceu e talvez a senhora tenha sido a última a guardar esse nome, essas histórias.

Por isso decidi que vou escrever sobre nós duas. Hoje postei fotos nossas, falei das saudades que sinto e repeti seu nome várias vezes. Eu sou Elisa porque um dia a senhora foi Elizabeth. Só existo por sua causa e não quero que essas memórias se percam. Quem sabe um dia, num futuro bem distante, arqueólogos digitais encontrem restos dos *pixels* que contam a nossa história e saibam que estivemos aqui.

Sem a menor vontade de esquecê-la,
Elisa.

São Gonçalo, 27 de junho de 1985

Teresa,

Já passa das duas da manhã e não consigo dormir. Quando eu ainda arrastava os pés, empurrando a barriga pesada, já me alertavam para a insônia que me acompanharia pelo menos durante os doze primeiros meses. Mas acho que meu sono se foi no mesmo instante em que soube que seria mãe, porque estava com medo e receosa de ter que desistir dos meus planos. Eu não queria a responsabilidade de cuidar de alguém que dependeria de mim para viver. Parece cruel escrever isso, já que desde cedo me ensinaram que o melhor que poderia me acontecer, enquanto mulher, era trazer uma vida ao mundo, mas a ideia sempre me perturbou.

Tive poucos enjoos durante a gravidez. Acho que foi uma forma de a vida me compensar por esse golpe rasteiro. Osmar e eu somos casados há tantos anos que até ele já tinha se contentado com a ideia de que algum propósito maior o impedia de realizar o sonho de ser pai — enquanto eu acreditava que a benevolência divina apenas queria me poupar da maternidade. Aparentemente, nós dois estávamos errados.

Minha menstruação nunca foi o que podemos chamar de regular, então não prestei atenção aos atrasos. O sono confundi com o cansaço por nunca ter aceitado dar aulas para tantas turmas ao mesmo tempo quanto dessa vez. Até que um dia Mazinho chegou em casa com um teste de farmácia, por desencargo de consciência. Não seria o primeiro — já estava cansada de fazer xixi naquela fitinha, sempre com medo do que poderia aparecer, mas fiz por insistência dele, sem acreditar que daria positivo. Foi quando finalmente deu.

Enquanto Mazinho rodava pela casa e gritava que seria pai, eu fiquei parada, incrédula, olhando para o espelho. A imagem que eu via ali não era mais minha. Marquei uma consulta com a ginecologista, que passou outros exames, e me permiti, naquele meio-tempo, acreditar que o resultado era falso. Entrei em fase de negação.

Quando confirmaram o resultado, seu pai chorou sem parar e eu também. Acho que foi a única reação adequada que tive ao longo da gravidez inteira, embora por motivos diferentes.

A gravidez foi horrível e eu me sinto ainda pior por escrever isso. Sempre me disseram que a maternidade era amor incondicional, me fizeram acreditar que isso era quase natural, que desde o primeiro momento a gente se sentia preenchida por uma magia única. Mas eu só fui dominada por desconforto e pés cansados. E pelo peso da minha barriga, que crescia numa velocidade que eu mal conseguia assimilar que houvesse um ser se formando lá dentro. Me parecia insano demais que isso pudesse acontecer, que alguém pudesse sair de dentro de mim.

Quando você nasceu, percebi o quanto fui tola em imaginar que tudo se resolveria em um passe de mágica. Não houve nada de mágico no parto, senti dor em cada fibra do meu corpo, e eu me lembro muito bem da sensação das contrações e do meu corpo tentando colocá-la para fora. Lembro de como o médico gritou comigo na sala de parto, de como eu queria pegar o fórceps e colocar na cabeça dele para ver se era bom.

Você demorou a chorar. Eu me preocupei, mas foi uma preocupação estranha, distante. Seu pai, que estava segurando uma filmadora gigante, quase desmaiou enquanto gritava com os médicos para verem o que tinha de errado com você. Eu só pensava que deveria ter algo de errado comigo, porque não estava conseguindo assimilar nada que acontecia à minha volta. Era como se eu tivesse saído do meu próprio corpo e observasse de longe o que acontecia. Ainda não tive coragem de assistir à filmagem. Nas cinco vezes em que seu pai quis mostrá-la para toda a família, nesta curta semana, eu fingia que estava indisposta e vinha me deitar.

Eu me sinto cansada e perdida. Meu cabelo começou a cair em tufos, e não aguento mais cheirar a leite. Acho que, de tudo, o mais decepcionante é saber que o amor que sempre me prometeram não é mágico nem automático. Me sinto quebrada por dentro, incapaz de dar o amor que esperam que eu dê.

Queria que sua bisa estivesse aqui, sinto que ela saberia o que me dizer. Não tenho coragem de falar sobre isso com a minha mãe, porque acho que, depois do Osmar, ela foi a pessoa mais animada com a sua chegada. Sinto que, se eu falar como realmente estou, ela ficará com a sensação de que falhou em algum ponto da maternidade, quando esse é um problema todo meu. Duvido que em algum momento da vida ela tenha tido dúvidas sobre seu papel como mãe, ou tenha sentido que é impossível amar à primeira vista um ser tão pequeno e indefeso que saiu de dentro da gente.

Uma coisa que aprendi ao longo dos anos, porém, é que amor é um sentimento que podemos construir. Só nunca imaginei que se aplicasse a esse caso também. É assustador perceber que tudo o que ouvi a vida inteira sobre maternidade não se aplica a mim. Sinto que vim com um defeito de fábrica que não sou capaz de consertar a esta altura.

Eu quero amá-la, Teresa. O medo ainda me domina, mas não quero que me paralise. Você não pediu para nascer, foi algo que aconteceu, e agora preciso fazer o que for possível para que essa jornada seja menos sofrida para nós duas. Só que você vai precisar ter paciência comigo, porque estava aprendendo a ser eu mesma quando tive que recalcular a rota, e agora preciso aprender a ser alguém ao seu lado, enquanto também a ensino a enfrentar os terrores do mundo.

Vai ser um processo difícil. Não sei se é justo lhe pedir paciência comigo, porque nem eu me sinto paciente. Ainda estou tentando aprender quem eu sou, com este novo corpo, com alguém que depende completamente de mim para sobreviver. Ainda não sei o que é esse amor avassalador que me disseram, mas estou disposta a construí-lo. Quero ser uma boa mãe. Você já é uma boa filha.

Essa jornada é sobre nós duas.

Com amor,
Mamãe.

Elizabeth,

Acho que essa vai ser a primeira carta que vou dirigir à mulher que você foi, não à minha avó. É engraçado pensar nisso, porque, em cada uma das cartas que li, eu conheci partes suas que formaram aquela que um dia se tornaria a avó que eu conhecia. Partes a que talvez eu jamais tivesse acesso se não fosse por essas correspondências que, por qualquer motivo, não puderam ser enviadas. Ainda assim, eu li cada uma delas com a distância de quem acompanha uma história de ficção, sem me dar conta de que, em algum ponto, aquilo viria a ter alguma ligação com a minha própria vida.

A sua vida esteve entrelaçada diretamente à vida da minha mãe e, consequentemente, à minha. E ao ler essa carta me veio uma sensação muito esquisita, porque finalmente me dei conta de como a vida é uma sequência de acasos permeados por escolhas — algumas vezes simples, mas, na maioria delas, não tanto. Você não queria ser mãe, mas foi. A escolha, nesse caso, foi uma falsa sensação. Você não queria ser mãe, mas, quando chegou a hora, aceitou seu destino e fez o que tinha de ser feito, assim como muitas outras mulheres que vieram antes e depois.

Lembro que uma vez um amigo do colégio comentou comigo que estranhava como eu me dirigia a você ou até mesmo à mamãe. Muitas vezes as chamava de "senhora", mas, em outras, não tinha a menor cerimônia em dizer "você". Ele me disse que parecia falta de respeito, mas eu sempre vi como um sinal de intimidade. Com vocês, podia falar de igual para igual, sem que isso significasse perder o respeito ou a admiração. Pelo contrário, o pronome de tratamento era só um detalhe, porque de nada valia chamá-la de "senhora" se eu não entendesse o valor do que recebi como educação.

Acho que desta vez decidi chamar você pelo nome por um motivo muito parecido: a sua carta me fez enxergá-la para além da identidade de avó, que foi tão bem assumida durante toda a minha vida.

A sua morte me fez encarar um lado meu que jamais queria ter visto. Quando alguém diz que sente a sua falta, por exemplo, sou tomada por uma raiva que não sei explicar, porque, para mim, nenhuma falta vai ser mais forte do que aquela que eu sinto. Todas as memórias parecem vazias, porque você não está mais aqui para me dar detalhes cruciais que nenhuma dessas pessoas é capaz de compartilhar sobre as suas histórias. Eu sei o que você achava sobre cada um deles, posso até imaginar os comentários que viriam assim que virassem as costas, ou pela frente mesmo — nunca a vi poupar palavras, boas ou ruins. Por isso, fico indignada ao imaginar que qualquer um pense que poderia tê-la conhecido mais do que eu ou a mamãe.

Mas estou começando a entender que cada um de nós a conhecia de um jeito diferente. Alguns mais, outros menos. Existem fragmentos seus espalhados por muitas histórias que às vezes não me permito escutar porque não gosto de me dar conta de que há partes suas que nunca vou conseguir compreender.

Estou de luto mais uma vez, por tudo aquilo que não pude saber sobre você, diretamente de você, e que outras pessoas vislumbraram em certo nível. Estou de luto por mim mesma, porque, apesar de estar juntando peças de quem você foi, eu ainda a enxergava, acima de tudo, como a minha avó. Mas o quanto da verdadeira Elizabeth eu perdi nesse meio do caminho? E o mais doloroso é saber que nunca vou ter como recuperar essas partes.

Isso me lembra das colchas de retalhos. Eu e mamãe encontramos vários retalhos na salinha de costura, aqueles que não puderam ser transformados em roupa de cama a tempo. Lembro de olhar para aqueles tecidos e não entender por que você gostava tanto de fazer jogos de cama com partes de roupas que não serviam mais, mas hoje entendo. Não era pela beleza, apesar de cada colcha ter uma beleza própria, permeada por cores. Era em nome das histórias. Cada um daqueles pedacinhos era um remendo de uma história que era contada por meio dos retalhos.

Com essas cartas, eu sinto que preencho uma nova colcha de retalhos. Os retalhos da sua história, com suas inseguranças, abdicações e medos. Estou conhecendo você por inteiro: não apenas a minha avó, mas a Elizabeth que inspirou meu nome e nem sabia que era capaz de amar do jeito que amou a vida inteira.

Essa carta me deu vontade de conversar com os vivos, por isso procurei minha mãe e perguntei como foi para ela saber que seria mãe. Acho que ouvi muitas histórias sobre a gravidez, mas nunca sobre como *ela* se sentiu ao descobrir que a vida iria mudar completamente a partir daquele momento.

Sei que o relacionamento dos meus pais nunca foi perfeito. Desde que você se foi, as coisas estão por um fio e às vezes me pego pensando se eles deveriam ter se casado, para começo de conversa. Carrego um pouco de culpa porque sei que mamãe se casou quando soube que eu iria nascer. Será que viver é isso? Lidar com um acúmulo de culpas em relação a coisas sobre as quais não temos tanto controle assim?

Mamãe foi pega desprevenida com a pergunta, deu para sentir. Antes de conseguir formular uma resposta, ela me disse que você foi a única pessoa que chegou a questioná-la sobre isso e que também foi a única pessoa com quem conseguiu ser sincera a respeito. Eu podia sentir a tensão pesada entre nós duas, até que, por fim, ela me disse que ficou muito feliz em ser mãe, mas que foi dominada por uma sensação de vulnerabilidade e insegurança que não conseguia mensurar. Disse que o medo nunca foi sobre mim, mas sim sobre se ela estava fazendo certo em se casar com meu pai tão cedo.

Sei que ficaram coisas não ditas entre nós duas naquele momento, mas foi bom termos essa conversa, a qual sei que jamais teríamos se não fosse pela sua carta.

Minha mãe não escolheu a maternidade naquelas circunstâncias e você nem sequer imaginava que algum dia teria uma filha, mas, no fim, as duas acabaram sendo mães. Não sei como foram exatamente os desdobramentos de colocar uma vida no mundo, mas, olhando para quem você foi e para quem a minha mãe continua a ser, de uma coisa tenho certeza: a maternidade foi imposta, mas a maneira como vocês exerceram esse papel foi uma decisão. E como dizem que avó é mãe em dobro, digo que você cumpriu sua parte nessa história com maestria.

Não que seja tão fácil assimilar a ideia de que talvez você não fosse querida e desejada, que foi meio sem querer que sua vida passou a existir e a amaram simplesmente porque era o certo a ser feito, mas escrever cada uma das palavras desta carta me ajudou a colocar em ordem os pensamentos que tenho sobre o assunto. É muito fácil amar porque é o esperado, mas é mais difícil — e mais bonito — quando é uma decisão tomada conscientemente. O fato de você ter aprendido e construído esse amor maternal acrescenta uma camada a mais de força a ele, porque foi forjado em um terreno que não estava pronto, mas você fez com que ficasse.

Se algum dia houve dúvidas dentro de você, queria apenas dizer que o amor que você construiu superou — e muito — qualquer outro que seria apenas "natural". O seu amor foi uma escolha, uma que nós sentimos todos os dias.

Tenho orgulho de ser sua neta e do amor que você aprendeu, aos poucos, a dar.

Um beijo,
Elisa.

São Gonçalo, 13 de dezembro de 1989

Luís,

Quando seu pai e eu saímos de casa, partimos com esperança. Dessa vez tudo parecia muito diferente de uns anos atrás, quando sua irmã chegou em nossas vidas. Hoje, Teresa é o que faz a nossa luz brilhar — por isso mesmo escolhemos Luís para ser o seu nome —, mas por um tempo tive medo de que a minha própria luz fosse se apagar caso eu me tornasse mãe. Entendi, com o passar dos dias, semanas e meses, que a maternidade não era uma magia transformadora e que, de fora, muitas pessoas tentariam colocar todo o meu valor nela, mas não seria justo com ninguém que isso acontecesse. Eu e sua irmã temos nosso próprio brilho e, juntas, somos capazes de iluminar o mundo inteiro.

Assim que fiz as pazes completamente com o fato de ser mãe, comecei a pensar que talvez fosse uma boa ideia ter um segundo filho. Dessa vez, pensei, tudo seria diferente, porque havia o desejo de trazer uma nova vida ao mundo. Você foi amado desde o primeiro dia, enterrando meus medos e as inseguranças que tive em outros momentos. Parecia uma nova chance de fazer tudo certo desde o início, ainda que racionalmente eu soubesse que não houve nada de errado comigo na primeira vez. Cada pessoa é um universo muito particular para que se espere que todos reajam de forma igual nas mesmas circunstâncias. Eu queria viver todo o processo com menos dor e culpa, e você foi a chance que eu desejei muito ter.

Não me abalei com os enjoos nem com o inchaço, ainda que me incomodassem. A cada chute que você dava, eu sentia a vida pulsar dentro de mim. Seu pai colocava a mão na minha barriga e dizia que você seria artilheiro. Já podia vê-lo obrigando-o a torcer pelo Fluminense, levando-o pela mão para a escolinha de futebol que fica aqui na praça e dizendo para todo mundo que, se houvesse outro Casal 20 na história tricolor, você seria parte dele.

Seu enxoval foi todo do Fluminense, apesar dos meus protestos. Eu queria ser clichê e fazer tudo azul-celeste, porque o céu ficou mais límpido depois que você chegou. Sua avó até tricotou uma roupinha para você sair da maternidade nas cores do time do coração de seu pai, mas ela nunca vai ser usada. Porque entrei na maternidade com um sonho e saí de lá sem ele.

Acho que aquela foi e sempre será a minha última noite bem dormida. Eu descansei como nunca havia feito nos últimos meses, e foi isso que me fez estranhar. Acordei com a certeza de que havia algo de errado. Cada segundo que esteve dentro de mim, você fez festa. Se mexia, chutava e me lembrava da sua presença. Já estava preparada para as noites insones, para o seu choro, mas nunca para o silêncio que veio das minhas entranhas.

Não consigo escrever com detalhes tudo o que aconteceu assim que coloquei os pés no hospital, mas nunca vou me esquecer da sensação de ter que fazer força para colocá-lo para fora de mim e não ouvir um choro sequer. Tudo o que eu senti foram as mãos pesadas do médico contra a minha barriga. A enfermeira gritou para que eu fosse forte, e nem deixaram que seu pai entrasse para segurar a minha mão. Eu já tinha me acostumado à ideia de você, passei um bom tempo imaginando como seria seu rostinho, mas não me deixaram vê-lo. Arrancaram-no de dentro de mim e levaram o seu silêncio para longe dos meus braços, me deixando sozinha à mercê dos meus próprios pensamentos.

Filho, me desculpe por não ter acordado à noite. Eu deveria saber que havia algo errado. Talvez, se não tivesse dormido, teria sentido algo de diferente em meu corpo e teria chamado seu pai a tempo de chegarmos ao hospital para salvar sua vida. Os médicos dizem que não havia o que fazer, que era imprevisível, mas deveria ter um jeito. Deveria ter alguma coisa que pudesse trazê-lo à vida.

Seu pai lidou com tudo relacionado ao seu sepultamento, não deixou que eu visse essa parte, por mais que eu tenha implorado. Ele conhece seu rosto, eu não. Ficarei para sempre com a imagem do que imaginei sobre você, mas não com a sua imagem de verdade.

Assim que chegamos em casa, sua irmã perguntou de você. Ela achou que voltaríamos com um bebê no colo, e não com uma certidão de óbito. Óbito: Teresa nem conhece essa palavra. Quando perguntou onde estava o irmão, eu caí no choro, sem forças para explicar. Osmar abraçou nossa pequena e disse que você não viria para casa, pois estava em um lugar melhor. Sua irmã perguntou se poderia ir lá para conhecê-lo, e eu despenquei.

Não consigo sair do quarto desde então. Já faz mais de dois dias que estou presa no escuro, não tenho vontade de comer e muito menos de falar com alguém. Meus seios doem, pesados pelo leite que meu corpo produziu para você. Regina, sua tia paterna, veio aqui falar comigo. Ela já perdeu um bebê, mas não foi nem de perto o mesmo sofrimento que o meu. A barriga mal aparecia, ela não precisou explicar para todo mundo que aparecesse no caminho que não conseguiu aguentar a reta final, que faltava tão pouco e o corpo dela falhou. Ela não tinha nome nem quarto nem enxoval, ela não tinha essa culpa gigante de que não amou direito da primeira vez e por isso mesmo não teria o privilégio de ter uma segunda chance.

Quando saí do hospital, me perguntaram se eu tinha interesse em doar meu leite. Regina disse que pode ser uma boa forma de lidar com tudo isso que está acontecendo, então Osmar agora entra no quarto e me ajuda a tirar, entre lágrimas, o que era para ser seu. Ele está armazenando na geladeira — acho que também não tem coragem de entregar a outra criança.

Sinto que há algo em nós que se partiu para sempre, o tipo de dor que é impossível de reparar. Você já tinha feito morada em mim, mas toda a fortaleza que construí para recebê-lo não foi suficiente para protegê-lo. Meu corpo dói de saudades, meu coração tem um buraco exatamente do seu tamanho.

É impossível não pensar que as coisas poderiam ser diferentes se eu tivesse sido uma *mãe* diferente. Você me deu a experiência de um outro amor de mãe, porque ter você foi uma escolha consciente desde o início. Com sua irmã, o amor foi construído; já com você, foi construído *em amor.* Talvez esse tenha sido o meu erro, como se eu não pudesse experimentar todas as facetas dessa trajetória agridoce que é a maternidade. Se não fui capaz de ter isso desde a primeira vez, como poderia ter agora?

Não segurei você, mas o gestei. Sonhei contigo, me preparei. Arrancaram esse sonho de mim pedindo para que eu fizesse mais força, para que eu engolisse o choro. Você nunca chorou nem experimentou nenhuma outra emoção a que deveria ter direito. O meu peito se aperta com uma dor incalculável e sei que preciso me manter forte, porque há outra parte de mim chorando do outro lado da porta, chamando "mamãe", e que precisa viver aquilo que você não pôde.

Eu te amo, Luís. A sua luz brilhou por um tempo breve, mas o suficiente para que ela nunca se apague no meu coração.

Com todo amor do mundo,
Da sua mãe.

Vovó,

Tenho deixado um intervalo entre cada carta porque não quero ler todas de uma só vez e sentir que resta menos de você para mim. Esta semana foi difícil, nem tive tempo de me dedicar à leitura. As provas começaram e não tenho a menor vontade de estudar, nem sinto muito ânimo para isso.

Queria chamar minhas amigas para virem aqui estudar comigo, mas minha mãe pediu que a gente fosse a outro lugar. Dei uma espiada no celular dela e há muitas conversas com o advogado. Meu pai voltou para casa, mas tudo está esquisito e os dois quase não se falam.

A morte deixa lacunas em lugares inesperados.

Será que é possível sentir o luto pelo que eu nunca vivi? Porque desde que li a sua carta fiquei imaginando como seria ter crescido com um tio que eu nem sabia que existiu. Não sei como eu deveria me sentir em relação a isso, mas estou tomada por um luto tardio. Triste por ter perdido um tio que nunca conheci, e mais triste ainda porque ninguém nunca me contou sobre essa parte da nossa história.

Vó, tem uma coisa que tenho aprendido sobre o luto: ele é tão esquisito! A gente sente tudo e nada ao mesmo tempo. Tem horas que eu simplesmente fico anestesiada, em outras, explodo de raiva, e na maior parte do tempo eu só quero me encolher e chorar. E às vezes sinto tudo isso junto e não posso colocar nada para fora. Tenho que engolir o choro, a raiva e a apatia para seguir a vida. Para encontrar as minhas amigas e fingir que me interesso pela revisão de Matemática enquanto a minha vida parece estar se desfazendo por inteiro. O que é um problema matemático perto de todo o resto?

As meninas têm me ajudado como podem, mas não contei para nenhuma delas sobre as cartas. As poucas que mencionei foram para pessoas específicas, que tinham ligação com essas mensagens, mas o restante quero guardar como um tesouro só meu.

Só que as duas últimas cartas foram muito difíceis. Sinto que estou invadindo um espaço que não deveria. Afinal, você nunca as enviou por algum motivo. Sinto que estou no direito de saber mais sobre sua história, sobre a *nossa* história, mas também parece uma invasão. Como é confuso entender tudo o que sinto desde que você se foi!

Será que a partir de agora tudo o que acontecer comigo vai ser assim, marcado por essas emoções que sufocam? Queria voltar para a vida simples, na qual meus pais não brigavam, na qual não havia câncer nem segredos escondidos em mensagens que nunca foram enviadas, na qual eu ainda tinha uma avó e minha maior preocupação era tirar boas notas. Mesmo estudando, sinto que vou me sair mal em todas as provas porque não consigo me concentrar em nada.

A vida não deveria ser assim. A gente nasce sabendo que vai morrer, então por que o luto corrói cada fibra do nosso ser?

E por que eu sinto que não posso sentir coisas negativas sobre você? Estou brava e triste, com mais um luto acumulado, porque sinto que tinha direito de saber que minha mãe teve um irmão e eu tive um tio, ao mesmo tempo que entendo por que jamais falaram sobre isso. Que coisa esquisita é a dor da perda... Ela é sempre proporcional ao tamanho do amor.

Com sentimentos confusos,
Elisa.

São Gonçalo, 18 de agosto de 1996

Regina,

Escrevo porque estou com saudades; não só de você, mas de tudo o que a nossa família representa e daquilo que fomos perdendo.

Já faz mais de um ano que o seu irmão partiu, mas me pego pensando nele todos os dias e no que eu poderia ter feito de diferente para que ainda estivesse entre nós. Sei o que você vai dizer: não há nada que poderíamos ter feito, foi uma fatalidade. Mas quantas fatalidades irei testemunhar ao longo da minha vida? Estou farta delas.

Quando perdi Luisinho, essa dúvida sobre o que poderia ter feito de diferente me atormentava noite e dia. Mazinho me dizia que não era para me torturar com isso, mas eu sempre tive um talento especial para a autopunição, que se aprimorou ainda mais depois que eu perdi meu filho. Seu irmão gostava de se fazer de durão, mas só nós duas sabemos o quanto foi difícil para ele seguir em frente depois que perdemos o Luís. E, apesar de não ter sido a companheira que ele merecia e precisava nesse tempo, fui a melhor que consegui ser.

Há dias, como hoje, em que acordo de madrugada procurando por Osmar ao meu lado e lembro que ele já não está mais aqui. Já não estava mesmo em vida.

Uma coisa que ninguém me avisou sobre perder um filho era que no processo eu me perderia de mim mesma. E que, com isso, meu marido também se perderia dentro dos próprios pensamentos, medos e saudades. Acho que Mazinho tentou me proteger e eu fechei os olhos para a dor que ele também sentia, porque isso acrescentaria uma nova camada ao nosso sofrimento. Além de tudo, existe Teresa, que ainda é uma criança e já perdeu o suficiente. Tento não ver a vida como uma série de perdas, mas em dias como hoje é muito difícil. Era para nossa menina estar comemorando o aniversário do pai, mas este é o segundo ano que passamos sem ele. Eu só queria voltar no tempo e pedir que ele não atravessasse na pista, que andasse mais um pouco para cruzar pela passarela. Mas nós duas sabemos que ele nunca gostou de seguir regras.

Dias como hoje me fazem pensar muito em você. Semana passada, a Fátima, uma professora lá do trabalho — aquela que só sabe reclamar de tudo —, disse que cunhada não é família. Eu quis rebater, mas no fundo tudo o que consegui foi sentir pena dela, que não tem a sorte de ter uma cunhada como você.

Estou surpresa comigo mesma porque a forma como estou encarando essa tragédia é diferente de como foi com a partida do Luís. Perder o meu filho me dilacerou, mas foi solitário. Você entende em partes o que eu senti e é, até hoje, a única pessoa com quem consigo falar a respeito. Sinto que, depois que Luís morreu, eu também o matei de outras formas, porque não consigo falar sobre ele com ninguém, para evitar pensar no assunto. Sei que isso, de algum jeito, minou minha relação com Osmar.

Perder meu marido também foi dilacerante, mas menos solitário. Há outras pessoas que compartilham comigo as memórias sobre ele, que conheceram facetas diferentes. Tenho com quem rir e chorar, memórias concretas de uma história que durou décadas, não segundos.

Minha filha todos os dias faz com que eu me lembre do grande pai que ele foi e me dá ânimo para manter sua memória viva, porque não quero que ela se esqueça do quanto foi amada e como Osmar esteve presente em cada momento, algumas vezes mais do que eu.

O luto dói, mas na dor podemos encontrar acolhimento. Hoje sei que deveria ter permitido que me acolhessem mais quando meu filho se foi, que eu não era a única encolhida naquela dor. Infelizmente, é tarde demais para isso, mas o que entendo agora é que eu não fui deixada de lado, pois nenhuma dor é igual, e amor é se colocar no lugar do outro. Talvez eu tenha amado menos do que deveria, mas não posso negar que fui amada por inteiro — e, de quebra, encontrei uma cunhada que é como uma irmã.

É horrível conviver com a dor de que poderia ter feito mais, mas acho que faz parte do processo. Perder alguém é se perder também.

De sua cunhada confusa,
Beth.

Vó,

Desde que o meu pai voltou para casa, a vida melhorou um pouquinho. Faltam poucas cartas para ler, a semana de provas passou — não fui bem em Química e Biologia e, por mais que eu queira colocar a culpa no luto, sei que é só porque sou muito ruim nessas matérias —, mas estou enrolando, porque me despedir delas significa me despedir de partes inéditas de você.

Conversei sobre as cartas com o meu pai. Ele entrou no meu quarto esses dias para me dar boa-noite e me pegou chorando. Foi bom ter alguém para enxugar minhas lágrimas, porque às vezes não quero incomodar a mamãe com a minha dor e muito menos com a raiva que eu sinto da morte por ter arrancado a senhora de mim. Sinceramente, há dias em que sinto raiva de você, porque a gente tinha planos: um cruzeiro nas férias, só nós duas, para comemorar sua aposentadoria que finalmente saiu — só para o diagnóstico cair no nosso colo no mês seguinte.

Leio suas cartas com dor no peito, porque vejo o quanto sua vida foi difícil em muitos aspectos. Falei sobre raiva, mas esqueci de mencionar a raiva que sinto de mim mesma às vezes, porque acho que poderia tê-la escutado mais. Há tanto que ficou não dito, uma infinidade de coisas que ainda gostaria de aprender. Mas parte de mim sabe que provavelmente eu não teria prestado tanta atenção assim, mesmo se tivesse a chance — é o tipo de coisa da qual só entendemos o valor quando é tarde demais.

Então isso me dá raiva da vida, porque ela não é justa. Pode até ser que alguém tenha tentado me alertar sobre tudo isso, mas ninguém conseguiu transmitir a intensidade necessária. Queria que tivessem me explicado a dor dilacerante da ausência, para que eu pudesse dar mais valor à presença.

Como a senhora aguentou todas as perdas que viveu ao longo da vida? Ler as suas cartas me fez ter raiva em retrospecto, porque eu sinto que o mundo foi injusto com você. Era o seu momento, finalmente! Ao mesmo tempo, sinto raiva porque há tantas coisas contidas nessas mensagens que também são parte da minha história e que nunca me foram ditas, pois quem podia me falar sobre elas nunca fez isso. Estou de luto pelo tio que ninguém pôde conhecer, pelo avô que se foi num estalar de dedos e por tudo o que nos foi roubado ao longo de todos esses anos. Estou com ódio porque a morte é a única certeza que a gente tem, mas ninguém sabe como lidar com ela.

O luto tem prazo de validade, não é de bom-tom passar meses sofrendo por algo que não tem como consertar. Só que eu ainda sofro e às vezes queria um colo para chorar.

Não há nada pior do que ter que controlar os nossos sentimentos por medo de que eles sufoquem outras pessoas. Você deve entender bem do que estou falando, porque, pela última carta que li, teve que controlar a intensidade do que sentia para que a minha mãe não ficasse desamparada. Pelo menos agora posso contar com o meu pai aqui para me ajudar. Ele também tem tentado ajudar a mamãe, mas ela não parece querer ser acolhida. Os dois discutem, ela chora, ele leva comida para o quarto, ela recusa.

Sou eu que tenho cozinhado, sabia? Como ele trabalha fora e minha mãe não sai do quarto — depois que a senhora se foi, ela conseguiu uma licença médica no trabalho —, sobra para mim. A panela elétrica e a *air fryer* têm sido minhas melhores amigas. O feijão não fica tão bom cozido dessa forma, muito menos com o mesmo gostinho do seu, mas ainda tenho medo da panela de pressão tradicional, então é o que consigo fazer por enquanto. Digo "por enquanto" porque meu pai disse que vai me ensinar a usá-la. Acha importante que eu perca o medo, pois ano que vem já presto Enem e não dá para saber se vou continuar morando por aqui ou se terei de me mudar de cidade, então é sempre bom saber.

Pensar nisso me deu um friozinho na barriga. A faculdade sempre pareceu algo tão distante, mas no próximo ano já começo a fazer provas para o vestibular. O tempo realmente passa rápido e meu pai tem razão, preciso enfrentar medos grandes e pequenos, como o que tenho da panela de pressão. Desde que você se foi, tenho trabalhado cada vez mais nisso, porque ler as suas cartas me mostra que uma das suas grandes características foi a coragem.

O que meu pai me disse esses dias é que coragem também é se permitir ser cuidada. Ele falou isso enquanto me cobria com uma de suas colchas de retalhos, com a qual eu me deito todas as noites. Quando durmo com ela, sinto que estou sendo abraçada pela história da nossa família. Pela sua história. Por você. Às vezes choro tanto antes de dormir que pego no sono em meio às lágrimas.

Será que um dia fica mais fácil? Acho que o tempo corre diferente para cada um. Ter meu pai aqui tem sido bom, foi difícil ficar longe dele nos primeiros dias. Já tinha acontecido muita mudança, não queria passar por mais uma. Eu não sei se ele e minha mãe vão se acertar, mas acho que estão tentando. Isso já é mais do que a situação de umas semanas atrás, e me dá esperanças de que talvez eu não esteja perdendo minha vida inteira, apenas partes dela. E, independentemente do que aconteça, tê-lo aqui em casa tem me mostrado que o amor dele está acima de qualquer questão que tenha sobre o relacionamento com a mamãe.

Vó, eu sinto raiva de tantas coisas, mas sinto amor, saudades, esperança... Acho que viver é isso, sentir um monte de coisas e tentar fazer as pazes com cada um desses sentimentos.

Da sua neta que te ama,
Elisa.

São Gonçalo, 30 de setembro de 2006

Mauro,

Houve uma época em que eu escrevia cartas para toda e qualquer situação, algumas delas nem sequer enviava porque ou algo acontecia no meio do caminho, ou escrevia outra que considerava melhor, ou simplesmente não tinha coragem nem destinatário. Hoje em dia, posso simplesmente pegar o celular e conversar com quem eu quiser, todo mundo tem um bichinho desses. Agora até os meus alunos carregam esses aparelhos para todo canto! Para que essas crianças precisam disso? Os pais sabem onde estão e, se acontecer alguma emergência na escola, nós podemos telefonar para eles. A única coisa que fazem o dia inteiro é jogar com a cara pregada na tela. Toda aula tenho que tirar um celular da mão de alguém e dizer que devolvo só ao final.

Celulares são ótimos, mas também são terríveis. Eles diminuíram distâncias, mas também as aumentaram em certo nível. As conversas são tão mais triviais, sinto que falta espaço para dizer aquilo que só cabia em uma carta. Fico meio triste, porque acabei perdendo esse hábito de colocar no papel tudo o que parecia fazer sentido apenas na minha cabeça. Acho uma forma tão íntima e pessoal de se expressar...

Se Teresa lesse o que estou escrevendo, diria que estou falando como uma velha nostálgica — não deixa de ser verdade. Estou envelhecendo e estou nostálgica. Hoje vou ao casamento da minha filha! Acho que poucas situações são mais justas para nostalgia e reflexões do que essa. Passei anos da minha vida encarando as minhas sombras, preocupada com o futuro e o que seria da minha filha, mas agora estou sem conseguir dormir porque em poucas horas ela vai se casar com você.

Ela ainda é um bebê aos meus olhos e acho que vocês dois são novos demais para tomar uma decisão tão importante como essa. Mas, ao longo da vida, fui me dando conta de que às vezes a gente quer se prender ao tempo certo de fazer alguma coisa e acabamos sem fazer nada do que queríamos, simplesmente porque não dá tempo. Vocês estão juntos desde o início da adolescência e foram mudando com o passar dos anos, e quero que saiba que os dois ainda vão mudar muito. Acredito que casamento seja sobre o quanto estamos dispostos a amar as futuras versões de nós mesmos e de quem escolhemos para compartilhar a vida.

Fico imaginando como minha filha deve estar se sentindo com o fato de que o pai não está aqui para levá-la ao altar. Teresa perdeu o pai muito nova, e a morte é o tipo de coisa que marca a gente de formas que não dá para explicar muito bem. Por melhor mãe que eu tenha sido — embora eu ache que fui menos do que ela merecia ou precisava —, há coisas que nunca serei capaz de suprir e nem quero, mas é importante que você entenda essa sombra para poder acessar a luz que a minha filha tem. Confio em você para essa missão.

Quero lhe dizer que às vezes vai ser mais difícil do que parece possível entender, mas casamento é uma escolha. O amor é uma escolha. Eu não me imaginava como mãe antes de Teresa nascer e demorei a me acostumar com a ideia, mas eu escolhi amá-la. Não foi tão fácil quanto as pessoas imaginam que seja, mas no fim ela foi e continua sendo a minha melhor decisão.

Antes de me casar com Osmar, eu tive um namorado excelente, mas decidi que não valia a pena abrir mão de algumas coisas em nome daquela relação. Foi uma escolha. Osmar veio para a minha vida na mesma época que minha avó adoeceu e eu precisei ficar um tempo longe. Nós dois escolhemos continuar juntos mesmo assim. O momento mais difícil do meu casamento foi quando decidi me fechar após ter perdido um bebê, porque eu imaginava que ele jamais entenderia o que estava se passando na minha cabeça. Isso quase acabou com a gente.

Escolhemos o que compartilhar, o que guardar. O casamento é uma escolha diária. Vocês vão quebrar a cara, compartilhar momentos difíceis, em outras horas não vão querer olhar um para o outro, mas independentemente do que aconteça, enquanto decidirem continuar se amando, vai dar certo. E se um dia essa decisão deixar de fazer sentido, não precisa ter medo de mudar de ideia.

Espero que vocês sempre sejam felizes, mas saibam que podem contar comigo nos momentos infelizes.

Com amor,
Sua sogra.

Vó,

Hoje foi um dia bom e esperançoso, por isso achei que seria também um bom dia para ler a carta endereçada ao meu pai. Ele é o único para quem contei sobre a caixa de correspondências, por isso parecia um pouco estranho ler a carta endereçada a ele sem tê-lo comigo.

A princípio, ele ficou confuso, porque me disse que a senhora tinha dado uma carta a ele no dia do casamento. Mas depois entendemos que a versão que recebeu tinha bem menos palavras do que essa que você não mandou. Agora as peças começam a se encaixar e acho que entendo melhor por que guardou todos esses envelopes. É como se as cartas que você efetivamente enviou tivessem passado por um filtro que escondia suas vulnerabilidades e possíveis falhas. Isso sem falar naquelas que você nunca pôde enviar, pois já não tinha como ninguém recebê-las, como estas que estou escrevendo para você.

Quando li a carta ao lado do meu pai, ele caiu em lágrimas. Hoje mamãe não só deixou o quarto como saiu com a gente. A licença dela está no finalzinho, então disse que precisava "encarar o mundo". Preparou estrogonofe e tudo! Depois, nos arrumamos e fomos ao cinema ver um filme de herói. Acho que nenhum de nós imaginava que a mãe do protagonista fosse morrer, por isso a gente chorou muito quando aconteceu. Minha mãe me abraçou e meu pai fez carinho na nossa cabeça, porque a gente estava chorando pelo filme, mas também por você.

Eles andaram de mãos dadas pelo *shopping* e paramos para lanchar. Ficamos rindo juntos e foi muito bom. Desde que a senhora se foi, tive pouquíssimas chances de ver a minha mãe com um brilho no olhar. Hoje foi um desses dias.

Meu pai ainda guardava a carta que recebeu no dia do casamento. Quando leu a versão "original", ele caiu no choro, dizendo que, durante todos esses anos, a senhora sempre foi uma segunda mãe para ele e que agora entendia melhor algumas coisas. Também não fazia ideia de que teve outro filho.

Ele acha que devo mostrar essas cartas à mamãe, porque vão ser ainda mais importantes para ela. Eu entendo, só que ao mesmo tempo não me sinto pronta. Acho que quero ler todas primeiro, faltam só duas. Depois resolvo o que vou fazer.

Eu te amo e te admiro cada vez mais.

Com amor,
Elisa.

Niterói, 8 de outubro de 2007

Elisa,

Há pouco mais de um ano eu estava enxugando as minhas lágrimas de emoção no casamento dos seus pais e agora me vejo aqui, mais uma vez, secando lágrimas de felicidade. Acho que nunca experimentei uma alegria tão genuína como quando a peguei nos braços, com sua carinha de joelho, cabelinho arrepiado e um choro que não cessa, assim como o amor que toma conta de cada pedacinho meu. Sinto que ganhei uma segunda chance.

Assim que descobri que sua mãe estava grávida, fui dominada pelo medo. Foi a primeira vez que conversei com minha filha sobre a perda do Luís — então percebi que ela ainda se lembrava da minha gestação, por mais que eu tentasse me convencer de que não. Conversamos sobre várias coisas, inclusive contei sobre todos os medos de quando engravidei pela primeira vez.

Na maternidade, erramos em muitos momentos. Às vezes, achamos que estamos tomando a melhor decisão, que tudo vai se ajeitar e que, ao ignorarmos certos assuntos, estamos protegendo quem a gente ama. Mas nem sempre é assim. Agora eu sei disso. Quando estava no olho do furacão, não me permiti ser acolhida. A dor ainda seria imensa, mas tudo poderia ter sido diferente. Por isso, enquanto sua avó, quero que saiba que, acima de tudo, o mais importante para nós da sua família é que você se sinta amada e abraçada em todos os seus sentimentos, porque quando somos acolhidos todo o resto se torna mais fácil.

Você tem sorte, pequenininha. A sua mãe é uma das mulheres mais incríveis do mundo. Ela me deu um abraço apertado e garantiu que não poderia ter nascido em uma família melhor, que nunca se sentiu menos amada e que, agora que tinha passado por isso, entendia como uma gravidez, por mais desejada que fosse, poderia deixar qualquer pessoa completamente perdida. Aquele abraço foi como sarar uma ferida que nunca deixei que cicatrizasse por completo.

Teresa é muito nova, e além de tudo está assustada com o que vem pela frente, mas eu sei que vai ser a melhor mãe do mundo. Eu, ela, seu pai e os seus avós paternos vamos fazer de tudo para que você seja a criança mais querida de todas, e nunca duvide do quanto é amada e desejada.

Apesar de saber que Teresa é o oposto de mim — desde criança ela já brincava de bonecas, escolhia nomes dos futuros filhos e coisas assim —, ainda me preocupo por ela ser tão jovem e ter curtido tão pouco a vida a dois. Só que essas são preocupações minhas, ela não parece achar em momento algum que isso possa ser um problema. Eu me orgulho muito da sua mãe, às vezes até fico surpresa ao me dar conta de que consegui educar uma mulher tão segura de si, sonhadora e forte. Você ganhou na loteria, será a filha mais amada do mundo — e, se depender de mim, a neta mais querida também.

Quando soube que seu nome seria Elisa, em minha homenagem, não consegui conter as lágrimas. Você é parte de um sonho que eu nem sabia ter, mas que agora fico extremamente feliz por realizar. Espero ensiná-la a costurar e dar aulas de Geografia. Quero passear com você, cozinhar as coisas de que mais gosta e me sentar ao seu lado para contar histórias sobre a minha infância.

O mundo às vezes dói, Elisa. Nem sempre as coisas acontecem da forma que a gente gostaria. Ele é cheio de dor, mas também recheado de amor. E você vai ver, conforme cresce, que coisas boas podem acontecer ao mesmo tempo que momentos horríveis surgem. Mas há coisas que nunca deixam de ser incríveis — e você é uma delas.

Em mim cabe todo amor do mundo. O amor que tive medo de sentir anos antes, o amor que me roubaram um tempo depois, o amor que seu avô nunca pôde experimentar, e o amor que é meu para viver.

Sei que essa é uma daquelas cartas que não vou enviar, afinal você nem pode ler, mas quero guardar para entregá-la a você um dia, para que saiba o tanto que foi amada desde o primeiro segundo neste mundo.

A vida é uma caixinha de surpresas e você foi a melhor que eu recebi. Obrigada por devolver luz aos meus dias.

Com amor,
Vovó.

Vó,

Meus olhos se encheram de lágrimas com essa última carta. Nunca duvidei do quanto sempre fui amada, mas ler as suas palavras foi como receber um abraço quentinho. Fiquei mais emocionada ainda por saber que foi uma carta que você pretendia entregar, só não teve tempo para fazer isso.

Minha mãe voltou ao trabalho. Os olhos dela ainda parecem vazios, a saudade é nítida no modo como ela se expressa, mas acho que aos poucos vamos aprendendo a lidar com a dor de não ter você entre nós. É um incômodo constante, um lembrete que persiste o tempo inteiro.

O que as suas cartas têm feito por mim é algo que ainda não sei explicar, mas elas foram uma espécie de cura nesses dias tão sombrios. A sua máquina de costura agora está no meu quarto. Minha mãe me matriculou num curso e estou fazendo meu primeiro vestido. Quero usar a máquina e continuar a coser as histórias da nossa família nela, roupas que vão me acompanhar em momentos dos quais você não vai poder fazer parte fisicamente, mas estará presente no meu coração.

Agora só resta uma carta na caixinha, e pensar nisso me traz sensações complexas. Sem essas cartas, eu jamais conheceria outras partes suas. Lendo cada uma, consigo formar um panorama muito maior de quem você foi, ao mesmo tempo que sinto que ainda está comigo. Sempre fomos próximas, mas essas cartas nos aproximaram ainda mais, especialmente em um momento no qual essa proximidade não seria mais possível. Fico curiosa sobre qual foi a última carta que nunca enviou, ao mesmo tempo que me sinto triste porque terei de me despedir de você mais uma vez. O luto é uma série infinita de despedidas.

Só que tenho aprendido todos os dias que a gente nunca se despede daqueles que moldaram a pessoa que nos tornamos. Em cada parte de mim há um pouco de você, e vai ser assim para sempre. Essa foi a maior herança que poderia ter me deixado, e sou muito grata por ela.

Você fará falta para sempre.

De sua neta,
Elisa.

17 de outubro de 2024

Teresa e Elisa,

Esta carta é para vocês, quero que leiam juntas. As minhas mãos estão fracas e não posso me dar ao luxo de escrever uma para cada, mas como vocês duas ocupam o mesmo espaço no meu coração, acho que posso endereçar dessa forma a minha última carta não enviada.

Eu imagino que vá demorar até que tenham coragem de limpar a minha casa. Gostaria de ter tido mais tempo, assim teria organizado tudo para dar o mínimo trabalho possível, mas essa doença me abateu antes que eu conseguisse me dar conta, e agora estou cansada, não sei quanto tempo mais eu aguento. Vou deixar a caixinha na cozinha com a esperança de que vocês a encontrem.

Poderia ter feito diferente, ser mais direta, entregar em mãos, mas a verdade é que sou corajosa para algumas coisas, mas completamente covarde para outras. A perspectiva de me despedir de vocês me rouba toda a coragem, ainda mais quando penso em tudo o que ainda gostaria de testemunhá-las vivendo.

Teresa, eu imagino o quanto tudo isso deve estar sendo assustador para você, ainda mais porque não é a sua primeira perda, mas peço que se agarre às memórias que construímos. Você sempre foi mais do que suficiente e qualquer medo que tive ao longo desses anos dizia muito mais sobre mim do que sobre você. Quero que saiba o quanto me orgulho de quem é, da família que construiu e de todo o seu amor e cuidado comigo, mesmo quando eu sentia não os merecer. Nunca fui uma mãe perfeita, mas você me permitiu ser uma mãe muito melhor do que eu jamais achei que seria capaz. Tudo o que construí depois da sua chegada, o quanto cresci e me permiti, só foi possível porque aprendi ao seu lado um amor que nunca imaginei existir.

E esse amor se multiplicou quando você chegou, Elisa.

Com um nome bem próximo do meu e uma curiosidade nata, você foi a minha companhia em todos os momentos — eu a peguei no colo, a vi crescer e até dancei com você na sua festa de quinze anos! Ser sua avó é uma das melhores partes de mim, e eu fico triste porque sei que não vou estar aqui para testemunhar todos os seus sonhos se realizando. Se o lugar para onde vou deixar eu dar uma espiadinha, pode ter certeza de que estarei de lá aplaudindo.

Vocês duas são os meus bens mais preciosos. Há muito sobre a minha vida que não contei ou não consegui compartilhar como deveria. Eu sou uma junção de coisas, pessoas e sentimentos, cada um que me conhece enxerga algo diferente. Acho que compartilho essas cartas na esperança de que possam ter novas visões sobre mim e decidir, por vocês, o que querem guardar na memória.

Cresci muito como mulher a partir das mulheres da minha vida, mas fico triste em pensar que conheci apenas uma parte delas, nunca por inteiro. Esta é a minha tentativa de fazer com que vocês me conheçam em mais partes.

Há muito a ser dito, mas pouco tempo e pouca força. Cada palavra dessas exige mais de mim do que eu gostaria. Vocês são os maiores amores da minha vida, amores que não podem ser resumidos em nenhuma carta.

Estarei sempre no coração de vocês,
Elizabeth.

Elizabeth,

Lemos todas as cartas e só a amamos ainda mais. Sabemos que este bilhete nunca a encontrará, assim como algumas dessas correspondências não poderão chegar aos seus destinatários, mas cada palavra lida nos mostrou uma face nova de quem sempre amamos incondicionalmente. Escrevemos porque sempre estamos com saudades.

A saudade que sentimos de você é proporcional ao amor. Tentaremos encontrar forças, mas nem sempre podemos prometer que dará certo. Você sabia como ninguém que essa missão é praticamente impossível.

Obrigada por todo o seu amor, queremos que ele transborde em toda a nossa vida.

Com saudades, lágrimas e carinho,
Elisa e Teresa, suas meninas.

Natália Gregorini

Nasci em Vilhena, Rondônia, no último dia do ano de 1990. Minha avó materna, que vivia no Paraná, estava lá, ao lado da minha mãe, para me ver nascer. Atualmente, vivo e crio meu lar em Campinas, onde também estudei Artes Visuais, na Universidade Estadual de Campinas (UNICAMP). Já minha avó, só a encontro nas memórias e na saudade. Em 2019, publiquei meu primeiro livro autoral, *Madalena*, que conta a história de uma avó e sua neta. Esse livro, resultado do meu mestrado na UNICAMP, foi finalista do Prêmio Jabuti. Como podem imaginar, ilustrar o livro da Iris me trouxe novamente para esse lugar em que amo estar: envolta pelo abraço que a lembrança da minha avó me traz.

Iris Figueiredo

Nasci e cresci em São Gonçalo, no Rio de Janeiro, morando no mesmo terreno que a minha avó, que sempre me contava as melhores histórias. Colecionei papéis de carta, cadernos e folhas de fichário, os quais preenchia com poesias não tão boas assim, mas que acabaram me transformando em uma escritora. Eu me formei em Comunicação Social porque sempre amei escrever. Publiquei meu primeiro livro ainda adolescente e acredito que as palavras podem mudar o mundo e não precisam ficar escondidas dentro de uma caixa.

Este livro foi composto com as tipografias
Asterisk Sans Variable e Gentium Basic e impresso
em papel polém bold 90 g, em 2025.